YILY

Las secuelas del abuso sexual infantil

YILDA ACEVEDO

Yily
Las secuelas del abuso sexual infantil

Primera edición: marzo 2021

PoD Amazon
Publicación independiente

ISBN: 979-8-716-83812-3

Le dedico este libro a nuestro señor Jesucristo, quien me ha guiado durante toda mi vida. Dedico mis memorias a mis hijas Yilmarie y Mei-Ling, quienes vivieron conmigo tantos éxitos y fracasos. También se lo dedico a Carmelo González, quién me inspiró, insistió y ayudó a escribir este libro.

TABLA DE CONTENIDO

PRÓLOGO

Afirmaba Don Miguel de Cervantes que la pluma es la lengua del alma. En el caso de este libro-testimonio, es plenamente cierto, porque Yily ha expresado la plenitud de su alma con toda la verdad de sus vivencias. Es un libro de superación, lucha y amor. Un ejemplo de que hay vida más allá del maltrato y abuso infantil. Que Dios no nos desampara nunca. Que hay ángeles en nuestro alrededor que nos cuidan en nuestro camino siempre.

Yilda merece nuestra rendida admiración porque ella ha sido arquitecta de su propio destino. Es una triunfadora de la vida.

No tengo la menor duda de que este libro será un éxito porque brinda esperanza a todos aquellos que han sufrido, y no ven cómo salir hacia adelante. Espero que su lectura conmueva y que aprendan de esta valerosa mujer que nunca se ha dejado vencer por la vida.

Edna Díaz Resto
escritora profesional

NOTA DE LA AUTORA

Nací en febrero de 1963. Como cualquier niño, creía que todo lo que pasaba a mí alrededor era lo que todo niño debía conocer para tener un feliz desarrollo junto a las personas que más debía querer, creer y respetar, y que jamás deberían hacerte daño: tus padres. Sin embargo, fui una niña abusada sexualmente por mi padre y mi madre nunca me creyó. Aunque sufrí una vida llena de pruebas bien difíciles con ellos, los mismos me llevaron a la iglesia. Es allí donde Dios tenía un plan poderoso para mi vida, y convirtió mi llanto en canto. Dios hizo tres grandes milagros en mi vida y están plasmados en este libro. Les invito a que juntos viajemos a través del tiempo, y utilicen las herramientas que aprendí para lograr vencer las artimañas del enemigo, creyéndole a Dios para poder vencer.

EL INICIO DE TODO

Hoy, Día de las Madres de 2018, de salida en avión de San Antonio, Texas, hacia Puerto Rico, iba yo pensando en tantos éxitos y varios fracasos. Venía de la graduación de universidad de mi hija menor, Alexandra. Ella se había ganado el *Presidential Award* de la Universidad y fue celebrado por el rector, los decanos y profesores por todo lo alto; con camarones, *steaks,* vinos y sangría. Estábamos su padre, su madrastra, su hermana Yeileen y sus dos tíos.

Por otra parte, Yeileen a su vez, había tenido 3.90 en su bachillerato y le ofrecieron pagarle la matrícula para estudiar Medicina por cuatro años. Se ahorró $160,000 de préstamos. Así que yo en el avión estaba hinchada de orgullo por mis dos hijas y le di un repaso a mi vida tan retorcida.

Pensaba cómo Dios nos va llevando por el camino que Él nos ha prometido. ¿Cómo había llegado hasta allí?, ¿cómo? ¿Cómo pude sobrepasar tantas situaciones? ¿Cómo pude obtener tantos logros?

¿Cómo llevé a mis hijas a luchar para lograr sus éxitos? ¿Cómo?

Las respuestas las encontrarás viajando conmigo por el tiempo.

El 16 de octubre de 2018, en una tarde lluviosa y hermosa, viendo hacia mi patio exterior con todo su verdor y hermosura decido escribir la historia de Yily, una niña que desde muy pequeña siempre fue cuidada por Dios y ella siempre confió en Él. Donde comprendí que Dios es todopoderoso y nos lleva por senderos misteriosos.

Era 1962. Esta era una familia de clase media y con tres hijos: dos varones, Juanito y Norberto, de tres y dos años, y una pariente, que tenía un año de edad. El padre de la familia, Juan, era maestro de escuela pública y estudiaba en las noches para terminar su bachillerato en Educación. La madre, Jessy, tenía un grado asociado en Educación, pero trabajaba como trabajadora social. También vivían con ellos dos niñeras. Una de las niñeras, además de cuidar de los niños, también cocinaba y lavaba ropa todos los días, pues los pañales eran de algodón.

Vivían en una casa de madera en un pueblo pequeño. La casa tenía tres cuartos, y fuera de la casa había una letrina. Si alguien tenía una necesidad en la noche, debajo de las camas había una dita de orinar. No había criminalidad en ese pueblo. Las personas dormían con las puertas abiertas.

La gente del pueblo era muy buena. Se preocupaban los unos por los otros. La mayoría de las casas eran de madera. Y casi todo el poblado era católico. Se compartía comida, frutas, verduras y utensilios. Los hombres, luego de la cena, salían a jugar dominó a eso de las 7:00 de la noche, y los niños jugaban en la calle diferentes juegos, en los que había que correr usualmente. A las 8:00 de la noche se daba el toque de queda. Sonaba una sirena para que todos los niños se fueran a sus casas. Todos se acostaban temprano. La televisión se veía en blanco y negro. Los niños podían ver televisión mientras el padre no estaba en la casa; una vez él llegaba, la televisión era solo para su uso.

La Iglesia católica, la casa parroquial y la alcaldía eran en cemento y estaban pintados del mismo color. Los hombres eran muy machistas y tener una amante era natural. Pero nadie se perdía la misa y todo el mundo respetaba y ayudaba a los sacerdotes. Se le daba un diezmo a la Iglesia. Era muy curioso, pues había un hospital municipal pequeño donde siempre estaba el dueño de la funeraria pendiente de las familias que tenían un pariente muy enfermo. Les daba las condolencias y estaba allí hasta que el paciente moría y, claro, ofrecía sus servicios. También había una señora quien le rezaba los rosarios a todos los muertos. Se les pagaba a mujeres para que lloraran en los funerales; a estas se les llamaba "las lloronas". En fin, era un pueblo muy típico y pintoresco.

El padre de la familia, Juan, venía de una casa pobre del campo. Tenía siete hermanos: tres varones y cuatro mujeres. El abuelo, José, era cortador de caña, lo que se consideraba un prestigio.

Tenía varias cuerdas de terreno donde sembraba desde verduras hasta frutas. Su casita de madera era de apenas 20 x 20 pies. No tenía piso. Los abuelos dormían en hamacas y los hijos en el piso. También criaban cerdos para comerlos en Navidad. Comían de lo que cultivaban. Casi todos los hermanos de Juan estudiaron y fueron maestros. El abuelo casó a sus hijas con hombres de dinero, a quienes poder pedirles en caso de necesidad. Una de las hijas la casaron con un hombre de la edad del abuelo cuando ella tenía quince años, pero ese hombre era el dueño de la tienda más prominente del distrito. Entre todos los hijos le construyeron una casa de cemento a los abuelos, con tres cuartos y un baño. El yerno rico le regaló un carro. Los domingos, después de la misa, se reunía toda la familia en casa de los abuelos y allí almorzaban todos. Era un día muy agradable; los nietos corrían por la finca buscando frutas y jugando a esconderse.

En cuanto a la madre de la familia, Jessy, se crio en el pueblo con su abuela, pues su madre, Nina, quedo viuda con cinco hijos cuando ella tenía veintiún años. Su madre repartió un par de hijos y se quedó con las niñas. El abuelo era dueño de una finca de café. La abuela siempre fue muy rigurosa con sus nietas y era muy fría con ellas. Ella, además les hablaba mal a las niñas de su madre Nina. Les decía que las había abandonado para irse a Nueva York. La verdad es que Nina se fue a Nueva York, pues no conseguía trabajo y quería darles un mejor futuro a sus cinco hijos. Cuando regresó a buscar a sus hijos, solo los varones se fueron con ella.

Los abuelos, a pesar de que tenían una finca de café, solo comían carne una vez por semana. Los demás días comían sopas y verduras. Vivían en el pueblo, en una casa de madera considerada grande. La familia era muy racista, ningún hijo o nieto podía enamorarse de un negro. Las tías, solteronas, se dedicaban a coser ropa y guantes para vender. Todos los domingos la familia iba a misa con trajes nuevos y guantes para que nadie dijera que estaban mal de dinero. Y, aunque raro, se bañaban con chanclas para no tocar el piso.

En cuanto a Jessy, era la más hermosa e inteligente de todas las nietas. Trabajó en servicios sociales por treinta años. Era excesivamente religiosa y tomaba muy en serio lo que le dijera el sacerdote; como, por ejemplo, que una esposa no podía moverse ni disfrutar de las relaciones sexuales con su esposo. Además, las mujeres solo tenían relaciones mientras tuvieran hijos; luego, ya no más.

EL NACIMIENTO DE YILY

Bueno pues, en la familia de Juan y Jessy, Juan era infiel a Jessy, desde antes de casarse. Jessy, después de cuatro años, ya estaba harta de tantas mentiras. Resulta que Jessy quedó encinta por quinta vez, ya que el primer hijo murió al nacer. Ella no quería tener otro hijo más y se lo comentó al ginecólogo. Él mismo le ofreció hacerle un aborto, cosa que la puso muy furiosa porque ella era muy católica. Así que Jessy cambio de ginecólogo a uno muy católico.

Jessy, al cabo de los nueve meses, Nina, su madre, vino para el parto de su hija y le preparó el moisés a la niña. Así, en un febrero frío nació Yily, una niña hermosa. Yily era rubia, blanca, con pelo ondeado, ojos verdes y grandes. Sin embargo, la pariente, era un poco trigueña, tenía el pelo rizo y los ojos marrón muy pequeños.

Jessy estaba tan hastiada de tantos hijos, que ni siquiera quiso cargar a la recién nacida por las primeras cinco semanas. La abuela, Nina, cuidó a

Yily todo ese tiempo. Luego, Jessy se la dejaba a su padre Juan para que se encargara de ella, y de una vez, creía ella, se aseguraba de que cuando Juan salía de la casa, no visitara a sus amantes o se fuera a los bares de mala muerte. La verdad es que él si veía a sus amantes e iba a los bares y hasta le daba licor a la niña. Juan se llevaba a Yily desde muy temprano en la mañana hasta la noche los fines de semana.

LAS CASAS DE CEMENTO

Cuando Yily tenía casi tres años, la familia se mudó a la primera urbanización con casas en cemento. El nuevo hogar tenía cuatro cuartos y dos baños. Las niñas tenían un cuarto grande con dos camas de plaza y media. Los varones tenían un cuarto más pequeño con camas de una plaza. Las dos sirvientas tenían su propio cuarto con una cama de plaza y media. Las camas eran en caoba, muy lindas. Había un televisor en blanco y negro. Fue un gran acontecimiento mudarse a un sitio que de clase media, con todas las familias y todos los amigos de la escuela allí.

El doctor del pueblo, persona muy buena y dispuesto a servir, vivía allí y tenía la oficina en la casa. Siempre había una fila de gente para entrar a su oficina hasta tarde en la noche. Dios de seguro lo tiene en la gloria. Atendía al que tenía y al que no tenía dinero. Cuando la madre, Jessy, enfermaba, él venía a la casa a atenderla. Cuando Yily tenía siete años iba sola donde él varias veces y él la atendía sin cobrarle.

Además, la urbanización tenía una cancha de baloncesto, cosa que no había en otros sitios, excepto la escuela. Se podía jugar en la calle sin problemas. Las familias tenían un solo vehículo y eran los padres los que guiaban los carros. Poco a poco, las mujeres fueron aprendiendo también.

Casi todas las familias tenían sirvienta. Niñas del campo muy pobres que no tenían educación. Jessy quería tener siempre dos: una se dedicaba a lavar la ropa y planchar, ya que se planchaban hasta las sabanas de cama y ropa interior. La otra sirvienta cuidaba los niños y hacía las comidas. La familia vivía como ricos.

EL ABUSO SEXUAL

Mientras Yily crecía se iba poniendo más hermosa, y al padre Juan le estaba gustando la niña. Juan, desde que Yily tenía razón, la molestaba sexualmente. Cuando llegaban a la casa, Juan muy borracho y asqueroso desnudaba la niña, y le decía que lo que él le hacía era porque él la amaba más que a nadie. Juan no solo desnudaba la niña, sino también se desnudaba él. Entonces le hacía sus porquerías sexuales. Esto sucedía mientras todos dormían, en el baño de la casa. Yily no se quejaba, estaba confundida, entendió que era la única forma de recibir amor.

Ya cuando tenía más edad, tres años, la niña contaba dónde la llevaba su papá, entonces Jessy no la mandaba con él. Pero Juan estaba obsesionado con Yily y cuando él llegaba borracho se metía en la cama de la niña. La pariente se despertaba, pero no hacía nada. Ella también estaba horrorizada de su padre. Ninguna de las dos le decía a su madre lo que pasaba. Yily entonces no se dormía hasta que llegaba el papá borracho y se escondía en un canasto de bambús, donde se echaba la ropa limpia para plancharse. Yily entraba al canasto rápidamente y se ponía ropa encima para que no la encontrara Juan. Cuando Juan entraba al cuarto y no la encontraba se iba al baño. Pero muchas veces a Yily la vencía el sueño en su cama y Juan se le metía en la cama.

Cuando Yily tenía cuatro años, le dieron una beca a Juan para estudiar su maestría en Educación de Ciencias en New Jersey, pero tenía que darle un año de trabajo al gobierno de Puerto Rico luego de que se graduara. Jessy no quiso acompañar a Juan a New Jersey y gracias a Dios Yily tuvo un tiempo tranquila. Sin embargo, Jessy tenía coraje con Juan y se las desquitaba con Yily. Cuando llegaba la correspondencia, Jessy se llevaba a Yily al baño y le tiraba las cartas en la cara y le decía que su padre no la quería pues no le escribía cartas. Jessy le decía a Yily que estaba sola en el mundo y que ya no tenía quien la quisiera.

Cuando Yily tenía cinco años regresó Juan, pero llegó enamorado de otra mujer y estuvo un año diciéndole a Jessy que se iba a divorciar de ella. Fueron a retiros matrimoniales, pero nada funcionó. Mientras tanto, Yily se dormía en el canasto de ropa para que Juan no la encontrara cuando llegaba borracho. Él la compraba dándole dulces en la escuela y le permitía que ella se fugara de los salones ya que él era el Principal de la escuela.

Ante ese abuso sexual, Yily se sentía sucia y mientras crecía, ese sentimiento aumentaba.

LA DEVOCIÓN DE YILY POR CRISTO

Yily estaba traumatizada, pero ella le oraba a Dios y Él oía sus oraciones. Yily estaba siendo criada muy católica y comenzó a coger clases de catecismo desde sus cinco años, e hizo su primera comunión cuando tenia seis años. Ella amaba la Iglesia, y cuando su hermano mayor la llevaba a la escuela, ella se escapaba a la iglesia para oír la misa. Luego, el sacerdote, Ernesto la regresaba a la escuela.

Iba mucha gente a la misa diaria y Yily era muy querida por todos. El Día de Reyes, esas personas que iban a la misa, le hacían regalos a Yily. De hecho, en el pueblo se hacía un nacimiento viviente en la Misa de Gallo a la medianoche del 24 de diciembre, y Yily fungió de la Virgen María por tres años consecutivos. Su parienta hacía del Ángel Gabriel. Luego que se fue Juan a New Jersey, el sacerdote Ernesto se llevaba a Yily los domingos a las misas de los campos donde ella fungía de monaguillo. A Yily le gustaba ir en el Jeep e ir por caminos de tierra recogiendo la gente que iba a la misa. A veces se trepaban al Jeep seis personas. En los campos eran muy pocas la personas que tenían carro.

Luego de las misas del domingo, el sacerdote Ernesto buscaba a toda la familia de Yily y los llevaba a almorzar. Otras veces Yily y el sacerdote se quedaban a almorzar con la gente, o se iban a pasear solos. Un par de veces la llevó junto a sus hermanos a Burger King. Otro fin de semana, el Padre Ernesto tenía que ir a un pueblo lejano y se llevó a la niña todo el fin de semana. Ella durmió en un convento y él en la casa parroquial.

Mandaron al Padre Ernesto de misionero a Colombia por dos meses y cuando llegó fue rápidamente donde Yily y le regaló una cadena con un gato grande de oro puro con dos diamantes. A los hermanos de Yily no les trajo nada.

EL DIVORCIO DE JESSY Y JUAN

Cuando Yily tenía seis años, llegó el día en que Juan le pidió el divorcio a Jessy. Ella no lo aceptó y hasta fue a visitar a la amante de Juan para que no destruyera la familia. Así que Juan tuvo que esperar dos años para la separación. Al culminar el año de trabajo para el gobierno, Juan se fue con su amante a trabajar a New Jersey. Su ida fue mortal para Jessy. Aun así, ella no le aceptó el divorcio. Jessy se derrumbó, y su madre Nina, se mudó de New York a Puerto Rico para apoyarla.

Esa despedida de Juan, marcó la vida de todos. Fue impresionante ver cómo el padre se iba feliz al avión y Jessy se quedaba destrozada. Yily, sin embargo, estaba feliz: por fin se libraba de su padre. Los demás hijos, por otro lado, estaban tristes. El divorcio final llegó cuando Yily tenía ocho años.

Para sorpresa de Jessy, la custodia de los hijos fue para Juan. Así que Jessy tuvo que pedir la custodia en los tribunales de Puerto Rico, pues Juan mintió en la corte de New Jersey diciendo que los hijos vivían con él. Jessy pensaba que Juan iba a raptar a Yily, y se lo advirtió a los maestros de la escuela.

En una ocasión, la niña se escapó de la escuela y cuando los maestros se dieron cuenta pararon las clases para buscarla. Yily estaba encima de una tubería de acueductos, sobre un precipicio. Los maestros le gritaron para que volviera y eso hizo. Senda tunda que le dieron los maestros. Era la primera vez que Yily intentaba suicidarse. Ella se sentía sucia y que no había nada bueno para ella en su vida.

LA VIDA LUEGO DE LA SEPRACIÓN DE JESSY Y JUAN

Jessy estaba destrozada y parecía que no se recuperaría nunca. Cayó en una depresión muy fuerte. El doctor le daba calmantes muy fuertes y pasaba los días en la cama durmiendo. Hasta su muerte estuvo obsesionada con Juan. Cuando mejoró se puso en contra Yily y Juanito. A Yily le decía, a escondidas de sus hermanos, que ella estaba sola en el mundo y que nadie la quería. En las Navidades a la pariente le regalaba muñecas Barbie y trajes, mientras que a Yily le regalaba una escoba o pijamas. La niña no entendía por qué tanto odio hacia ella. No fue sino hasta que Yily tuvo doce años que Juanito le regaló una Barbie y un Ken.

Jessy puso toda la responsabilidad del hombre de la casa sobre Juanito cuando él apenas tenía doce años. Ella le pegaba con frecuencia. Jessy estaba muy irritable y le pedía a Yily que llamara por teléfono al sacerdote Ernesto para que la calmara. Ella se le tiraba encima a llorar y se iban a encerrarse en el cuarto de Jessy. Esto ocurría con frecuencia en la semana. Jessy dejó de ir a misa los domingos, pero sí enviaba a sus hijos. Luego de las misas, el Padre Ernesto iba a la casa y salían todos a pasear.

Juan dejó de enviar pensión alimenticia y Jessy tuvo que despedir a las sirvientas. Así que Juanito comenzó a aprender a cocinar y los demás tenían que hacer las otras tareas. Jessy comenzó a estudiar en las noches y los niños pasaban parte del día, en un principio, solos con una tía abuela que tenía esquizofrenia. Luego de la cena, la tía se iba y los niños se quedaban solos hasta las 11:00 de la noche. En ese tiempo se la pasaban en la calle. Yily se iba a la casa de unos vecinos que tenían televisor en un cuarto con aire acondicionado y ella se la pasaba con ellos. Usualmente, Yily se dormía y el tío Edgar, como ella le decía, la llevaba al hombro a la casa. Cuando llegaba Jessy, reunía a todos los niños y les preguntaba si habían barrido, mapeado y lavado los baños. Ella cotejaba toda la casa y siempre se quejaba de la tarea que hacia Yily. En una ocasión, la niña había mapeado, pero le dijo a la madre que su pariente había mapeado. Ella le contestó que se notaba. Luego Yily le dijo la verdad y Jessy se puso furiosa y le dijo que había mapeado mal su cuarto.

Yily no encontraba la forma de que su madre se complaciera de ella, a menos que la niña llamara al Padre Ernesto y él viniera a la casa. Llegó el día en que la gente del pueblo empezó a ver una relación extraña entre el Padre Ernesto, Jessy y Yily. La gente del pueblo llamaba a la niña "la españolita", pues el sacerdote era español. La gente se quejó al obispo de la conducta del Padre Ernesto y lo enviaron a otro pueblo con la condición de no buscar más a Yily ni a Jessy.

Entonces Jessy decidió mudarse del pueblo por tantos chismes que había sobre ella. Era la primera mujer que se divorciaba en el pueblo y eso era muy fuerte para Jessy. Se mudaron a una casa de cemento en un pueblo cercano. La casa era más o menos igual a la anterior.

Las cosas empeoraron para los niños, pues Jessy decidió estudiar en la capital los viernes y sábados. Así que los niños se quedaban solos en la casa, a cargo de Juanito, el hijo mayor, quien para entonces tenía catorce años. Claro, nadie debía saber esta situación pues Jessy era trabajadora social y la hubiesen encarcelado si esto se sabía. Juanito y Norberto hacían la compra en un supermercado que había en la urbanización. Las tareas del hogar se dividían entre todos.

Esta situación de quedarse solos en la noche ponía a Yily muy nerviosa; más de lo que ya estaba, por los traumas de su padre. Así que todos los viernes y sábados le daba vómitos y diarreas. Un sábado Yily se sentía tan mal que se tomó una aspirina. Rápido le dio una reacción alérgica y comenzó a hinchársele la cara. Fue donde la vecina quien llamó a un amigo doctor. Él mismo le dijo que había que llevarla a la Sala de Emergencia o podía morir de asfixia. En eso, llegó Jessy de la capital. La vecina le explicó la situación, pero ella decidió no llevarla, pues Yily diría que ella y sus hermanos estaban solos cuando se tomó la aspirina. Si eso sucedía podían encarcelarla. Así que la madre no la llevó al hospital. Gracias a Dios y a las oraciones de Yily, llegó un vecino pediatra y la vecina llevó la niña a su casa. El pediatra, el Dr. Calero, le inyectó Benadryl y se quedó con la niña toda la noche por si tenía que hacerle una traqueotomía. El pediatra le dijo a Yily que su madre estaba procediendo mal, y que cada vez que se enfermara fuera a su casa, que él le daría medicina sin costo alguna. Y eso hizo Yily. Otro ángel que Dios puso en su vida.

Yily asistía a una escuela pública que quedaba lejos de su casa caminando. La niña tenía que cruzar una avenida muy transitada y varias veces estuvo a punto de tener un accidente. Ella pasaba la mañana en un cuido de niños ayudando a la maestra, se comía un espagueti enlatado y al mediodía iba a la escuela hasta las 5:30 de la tarde. El padre ya no mandaba pensión alimenticia, así que ya no había trajes nuevos los domingos, ni guantes. Solo había comidas pobres. Sin embargo, Juan venía de vacaciones dos veces al año y se llevaba las niñas, las embriagaba y luego se propasaba con ellas. En una ocasión se lo dijeron a su madre, pero ella no les creyó. Jessy se le humillaba a Juan para que volviera con ella, era lo único que le importaba.

EL PRIMER MILAGRO EN LA VIDA DE YILY

Yily le oraba a Dios todos los días y pensaba en Él todo el tiempo. Ella confiaba en Él ciegamente. Cuando Yily tenía once años tenía una amiguita que estaba enferma de cáncer. Ella le llevaba cartas de los amiguitos de la escuela y cómics de Superman. La amiguita sufría mucho dolor y vomitaba sangre con frecuencia; tenía leucemia.

Yily le pidió a Dios que le diera una de sus llagas y así su amiguita no sufriría tanto. Al otro día, ella amaneció con tremenda llaga en la pierna derecha. Jessy no se dio cuenta hasta tres días después, cuando la vió cojeando y con la pierna muy hinchada. Yily, para que nadie notara su llaga, usaba pantalones largos. La niña le explicó a su madre lo que ella le pidió a Dios y Jessy le dijo que no le contara a nadie y que al otro día la llevaría al hospital y que le cortarían la llaga. Yily con tanto miedo al dolor, le pidió a Dios que se la quitara. Al otro día, ya no estaba la llaga, ni rastro de ella. La niña le enseñó lo que había pasado y, de nuevo, la madre le dijo que no le contara a nadie. Esa fue la primera muestra que Dios le dio a Yily de que Él existía.

Una noche sin luna, Yily le pidió a Dios que no hiciera sufrir más a su amiguita. Ese día su amiguita descansó en paz por siempre.

LA VIDA EN LA CASA NUEVA

La casa donde vivía la familia era alquilada, así que Jessy decidió vender su primera casa y comprar otra. Era una casa grande, en cemento, de cuatro cuartos y dos baños. Allí todos los niños asistían a escuelas diferentes. La pariente no quiso dejar de ir a la escuela del pueblo donde se crio y tenía que irse con un vecino que era maestro allá. Juan aceptó pagarle un colegio privado a Yily. Los hermanos iban a dos escuelas publicas diferentes. Por las mañanas todos tenían que levantarse temprano para que Jessy pudiera llevar a los niños a las diferentes escuelas.

Juan se mudó nuevamente a la isla. Era supervisor de ciencias de las escuelas de distrito. Yily ya era adolescente. Él sabía que ella se quedaba sola las tardes y él se aparecía por la casa para abusar de ella. Yily salía corriendo y se refugiaba en casa de un vecino que asistía con ella al colegio. Juan se enfureció y dejó de pagarle el colegio privado. Esta situación ocurrió aun el día que Yily cumplió quince años. Juan venía decidido a violarla y ella tuvo que luchar para escaparse. Jessy no le creyó, como siempre.

Yily decidió estudiar y sacar las mejores notas para obtener una beca en el colegio privado. Ella siempre se repetía: "Cuando obtenga el bachillerato, haré mi propia familia y seré feliz".

La verdad era que toda la familia necesitaba ayuda psicológica. La madre no le celebró los quince años a Yily y ni un regalo le dio. Cosa muy diferente a lo que pasaba con su pariente; para ella siempre había dinero. Pero como Dios es grande, los compañeros de clase de Yily le hicieron una fiesta sorpresa. También, sus madrinas le llevaron regalos. Su hermano mayor, con quien era muy cercana, vino de la universidad a darle sus felicidades. La hermana de Jessy, la tía Mary, le llevó un collar carísimo de hilos de plata blanca que Yily conservó por muchos años.

Jessy siempre le tuvo preferencia a la pariente y al hijo mayor, Juanito. A la pariente le pagó seis trajes largos para debuts de quinceañeras, bailes formales. Sin embargo, para Yily poder tener un traje para asistir al debut, tuvo la intervención de Juanito. Su hermano mayor pagó el vestido y la acompañó al baile. Fue una noche inolvidable para Yily. Estaba con el chico más guapo del colegio, que le trajo un ramo de rosas y un *corsage*. Yily se sintió como la Cenicienta esa noche. Dios es maravilloso.

Para poder continuar estudiando en el colegio privado, Yily tenía que trabajar los dos meses de verano para pagar lo que la beca no cubría: uniformes, libros y la matrícula. No le sobraba dinero ni para ir al cine. Pero ella estaba decidida a tener una educación buena y bilingüe. Trabajó como maestra de analfabetas y secretaria de la parroquia del pueblo.

Como Juan no pasaba pensión alimenticia, los hermanos, excepto, Yily, trabajaban en tiendas y podían pagarse su ropa y necesidades de la escuela. Jessy no le permitía trabajar a Yily en tiendas. Yily tuvo una oferta en una tienda de ropa de mujer, pero necesitaba el permiso de Jessy, pues no tenía dieciocho años. Cuando fue con su madre a la tienda para que firmara el permiso, ella le dijo a la gerente de la tienda que: "Yily no servía ni para llevar perros al inodoro". Ante esta contestación, al salir Jessy de la oficina, Yily entró y la gerente le dijo lo que su madre había dicho. Dijo, además, que ella no quería tener problemas. El trabajo era simplemente enganchar ropa. Yily lloró mucho por lo que le hizo su madre.

Cuando cumplió dieciséis años, Yily deseaba estudiar en Estados Unidos y tomó el examen para entrar a universidades americanas. De hecho, varias universidades la aceptaron y le ofrecieron beca. Cuando Yily se lo dijo a Jessy, ella le contestó que si los hermanos varones no se habían ido a Estados Unidos menos iría ella. Otro fracaso para Yily.

LA UNIVERSIDAD

Yily entró, al igual que sus hermanos, a la universidad más prominente del país, a estudiar ingeniería química. También le ofrecieron entrar al equipo de pista y campo de la universidad, ya que ella había cualificado para ir a los Juegos Panamericanos y estaba en una lista de los mejores atletas del país. Pero para entrar al equipo, como no tenía dieciocho años, se necesitaba la firma de los padres. La reacción de Jessy fue que ella ya tenía dos varones y que no necesitaba otro. Así que Yily perdió la oportunidad de ganarse $300 mensuales y apartamento gratis. Además, como era la cuarta hija en pedir beca en una misma familia, el dinero que le daban era muy poco. Además, de lo que recibía de beca, su madre solo le daba $20 semanales, para comida y materiales de estudio. Sus hermanos trabajaban en tiendas aún y podían comprarse otras cosas.

El primer día de Yily en la universidad fue el día más feliz de su vida. Lejos de Jessy y la pariente, de los desamores, de los desprecios de la madre y lejos de su padre. Aunque el apartamento era de un cuarto pequeño y había solo un baño para cuatro chicas, Yily lo encontraba perfecto.

Jessy le hizo un contrato para comer en un sitio llamado Casa de Doña Daisy, donde podía comer dieciséis comidas al mes por $1.68; eso incluía ensalada, arroz, habichuelas, carne y un refresco. De pronto un día ya Jessy no le dio más dinero para comer allí y solo le dio a Yily $20 semanales para comida. Yily le contó esto a doña Daisy y ella le dijo que pasara por detrás de la cocina, que, aunque fuera pegao de arroz ella le daría. Otro ángel que puso Dios en la vida de Yily.

Juan, el padre, vivía en el pueblo donde estaba la universidad a la que asistían todos los hermanos. Él estaba obsesionado con Yily e insistía en saber dónde vivía. Yily les había pedido a sus hermanos que no le dijeran, pero la pariente, para zafarse de él, le dijo donde vivía y las horas que ella tenía libre.

Un día, el padre fue al apartamento de Yily, justo cuando estaba sola. Ella no le abrió la puerta y él trató de tirar la puerta. Gracias a Dios, un vecino, Augusto, le preguntó a ella si él la estaba molestando, a lo que ella asintió. El chico lo sacó a patadas del edificio. Otro ángel en la vida Yily. Esta peleó con su pariente por darle la dirección a su padre, y se mudó de apartamento.

En una ocasión, Yily había gastado bastante dinero en materiales escolares y no tenía para comer. Ese día cruzaba la calle frente a un bar y allí estaba su padre. Ella le pidió dinero y él se lo negó. Al cruzar la calle, ella se desmayó y la recogió el dueño de una cafetería. Le preguntó por qué se había desmayado y ella le dijo que llevaba dos días sin comer. Gracias a Dios, el dueño de la cafetería le preparó el sándwich que más le gustaba a Yily y le dio un refresco. Él le dijo que cuando no tuviera dinero, fuera a la cafetería que él le daba la comida gratis. Otro ángel en la vida de Yily.

En otra ocasión, un compañero de la universidad, Ubaldo, la invitó a cenar y le dijo que iban a comer a las 10:00 de la noche. Yily se puso muy linda y esperó pensando que irían a un restaurante. Salieron juntos y llegaron a un Burger King. La llevó detrás del local y esperaron a que abrieran la puerta de atrás. De repente, salió una chica a botar los *hamburgers* y papitas que habían sobrado del día y se los dieron. También le pidieron refrescos. Y ella que creía que irían a un restaurante de verdad. Toda la vida le recordó a Ubaldo lo que le hizo. Aunque, ciertamente, se hartaron de comida, gracias a Dios.

Lo que hizo Yily para poder comer fue preparar comida para varios estudiantes que tenían dinero. Y ella comía de esa misma comida. Era una idea brutal; cada uno le tenía que pagar un almuerzo.

Los jueves, para celebrar el fin de la semana, Yily hacía bizcocho y una amiga de Yily le regalaba un galón de sangría de Fido. Esa amiga le daba sangría a cambio de que Yily le hiciera los proyectos de Contabilidad y le diera tutorías. La amiga estudiaba secretarial. Todos los jueves había una jarana en el apartamento.

Yily, con mucha dificultad, pero con la ayuda de Dios, terminó el bachillerato; sobre todo con la ayuda de su novio, quien luego fue su primer esposo. Él fue su tutor durante los últimos dos años y en ese tiempo ella sacó todas A. Definitivamente hay que reconocerle y agradecerle eso a él. Ella estaba enamorada ciegamente.

¿QUIÉN FUE EL VERDADERO PADRE DE YILY?

Cuando Yily tenía veinte años llamó a su madre para preguntarle la verdad. ¿Por qué no la amaba? ¿Por qué tanto desamor? ¿Quién era su verdadero padre? Yily le hizo un recuento a Jessy de todas las cosas que ella le había hecho. Inclusive, una vez, Yily le dijo a su madre que iría a visitarla el Día de Madres, y ella le contestó que no fuera a verla, pues iba a pasar el día con sus hijos. Esta contestación hizo que Yily cayera en un ataque mental. Estuvo cuatro días deambulando por las calles sin saber quién era y dónde vivía. Descalza, sucia, llorando y con hambre llegó donde el sacerdote de la universidad, quien la ayudó.

Jessy, por su parte, le contestó que no sabía por qué, pero nunca la había amado. Yily oyó la sinceridad de su madre y lloró largo tiempo.

Luego, Yily le preguntó si el Padre Ernesto era su padre, pues siempre había estado pendiente de ella desde su divorcio. Ella le contestó que le preguntara a él. Que él tenía la respuesta.

Una noche, Yily soñó que el Padre Ernesto estaba hospitalizado en un hospital cercano y también soñó con el número de cuarto en el que se encontraba. Ella fue al hospital y lo encontró en la habitación. Lo habían diagnosticado con cáncer en el rostro. Al llegar Yily, el sacerdote la cogió y la sentó en su falda y empezó a mimarla como si ella tuviese cinco años. El cuarto estaba lleno de feligreses y el sacerdote les pidió estar sólo con ella, que él les explicaría más tarde. Yily le preguntó al Padre Ernesto si él era su padre. El sacerdote se puso nervioso y le dijo: "Que yo te diga si soy tu padre o no, no va a cambiar tu vida ya". Así que Yily se quedó con la duda toda la vida. Ni Jessy ni el sacerdote le contestaron jamás. Yily nunca les dijo a sus hermanos nada sobre este tema.

Sin embargo, cuando Yily tenía 33 años, ella le reveló al sacerdote el abuso sexual que sufrió departe de su padre. Su reacción fue tal, que se quitó la sotana y se fue a buscar a Juan. No se sabe qué pasó después, si habló o no con él.

LOS SENTIMIENTOS DE YILY ANTES DE CASARSE Y CÓMO LE AFECTÓ EL ABUSO

Desde adolescente, Yily se sentía atraída por el sexo. Así que en vez de tenerle fobia a la intimidad era lo contrario. Desde niña, inconscientemente, se tocaba sus partes, sus senos. No le tenía miedo a los hombres.

Durante la adolescencia tuvo tres novios. El primero fue cuando ella tenía doce años, pero era homosexual y lo dejó. Luego tuvo un chico guapísimo por una semana y por último uno del que fue novia cuatro años. No tuvieron relaciones sexuales, pero sí se tocaban mutuamente. A este novio le fue mal en la universidad, tanto así, que lo botaron de la institución. Luego de esto le exigió a Yily que dejara la universidad y que se casaran para vivir en casa de sus padres. Ella le respondió que no dejaría la universidad ni tampoco se casaría. Así que rompieron la relación. Yily estaba segura de lo que quería en la vida y esa no era su percepción de la felicidad. Esa noche ella hizo una fiesta en su apartamento y puso un rótulo que decía "Buscando novio".

Meses después, Yily se enamoró de un joven apuesto, tipo indio, que llevaba notas muy altas en ingeniería química. Él le llevaba dos años y le exigía a Yily que tuviera las mejores notas o, si no, la dejaba. Ella dejó las fiestas y dejó de cocinar para sus amigos. El novio le traía comida de su casa. También Juanito, el hermano mayor, le daba dinero para comer. El próximo ingeniero, era dos años mayor que ella. Para Yily, él era el hombre ideal para casarse, estaba muy enamorada de él. Pasaron dos años juntos en la universidad antes de graduarse, ella de bachillerato y él de maestría. Ambos consiguieron trabajo cerca y luego de la graduación se casaron a los seis meses.

LA PRIMERA BODA

La madre de Yily hizo una gran fiesta para el matrimonio. Sin embargo, el matrimonio fue un desastre desde el inicio, pero por respeto a la hija que tuvieron, y por lo buen padre que fue él durante toda su vida, no se contará aquí nada de esos cinco años de matrimonio. Sin embargo, él fue un gran padre para la hija que tuvieron.

Antes de que se concibiera a Yeileen, Yily estaba muy deprimida y se iba en carro a eso de las 2:00 de la mañana, a correr en la autopista a 80 millas por hora en contra del tránsito a ver si tenía un accidente y moría. La verdad es que Dios cuidaba de ella y no encontraba ningún carro con el cual chocar. Yily le hablaba a Dios y le decía: "No es mi hora todavía, ¿no?". Y regresaba a la casa.

Debido al fracaso matrimonial, Yily comenzó a tener ayuda psicológica, que continuó por ocho años. También comenzó los trámites de anulación de matrimonio por la Iglesia católica, que duró trece años, pero finalmente de la concedieron.

EL PRIMER TRABAJO

Llegó el día en que consiguió Yily un trabajo en una fábrica donde había mucha corrupción. Trabajaban muchas personas que tenían amantes dentro de la misma. Una noche, Yily vio a su jefa teniendo relaciones sexuales con su jefe. Esa mujer, María le hizo la vida imposible a Yily y le hizo una evaluación de desempeño para que la botaran del trabajo. Gracias a Dios, Yily llevaba un récord de todo lo que pasaba y le contestó la evaluación con un reporte de más de 50 páginas. Si botaban a Yily, la compañía tendría que pagarle al menos un millón de dólares, así que la cambiaron de trabajo con un jefe excelente, Bernabé. Y entonces trabajó como ingeniera ambiental, a la misma vez que hacía su maestría en ingeniería química. De esta forma, a Yily se la pasaba el tiempo rápido, y no pensaba en que su matrimonio era un desastre.

En 1990 nació Yeileen, una gran bendición de Dios. Una bebé trigueñita hermosa; se parecía a su padre. Un mes antes de que ella naciera, Yily terminó de estudiar la maestría y se cambió de trabajo. Estuvo cinco años en esa fábrica. Los ingenieros, operadores y supervisores le hicieron tremenda despedida. Todos la querían mucho.

EL RACISMO DE JESSY

El día siguiente en que nació la primera hija de Yily, Jessy, quién vivía en Tampa, llamó a Yily y le preguntó: "¿De qué color es la niña?". A Yily le dio tanto coraje que le dijo que era negra con el pelo muy rizado. Jessy tiró el teléfono. Diez minutos más tarde, llamó a su pariente, y le dijo que perdonara a su madre.

Dos semanas más tarde, vino Jessy de Estados Unidos a ver a su nieta. Al entrar a la casa le dijo a Yily que ella no sentía a la niña como su nieta, sino como la hija de algún vecino. Yily enfureció tanto que le respondió: "Entra a verla y luego te vas pa'l carajo". Ella entró y dijo que había exagerado, que no era negra. De todas formas, Yily le dijo a su madre que se fuera. Una semana más tarde, Jessy volvió y se quedó una semana ayudándola con la bebé.

LO QUE YILY CREYÓ FUE UN GRAN CASTIGO

Yily y su primer esposo se mudaron a una residencia moderna y exclusiva en otro pueblo, seis meses antes de la separación. Yily era muy católica y quedó devastada luego del divorcio. Ya no podría casarse por la Iglesia nuevamente. Se la pasaba sola, no conocía a nadie en el pueblo. Cayó en una depresión muy fuerte. Tampoco tenía amigas. Solo hablaba una vez a la semana con el psicólogo de la capital.

Una noche, teniendo su hija Yeileen nueve meses, a esta le dio una fiebre muy alta en la noche y el carro estaba dañado. Yily no sabía qué hacer, ni a quién llamar. El papá de la niña no contestaba el *beeper,* así que Yily se vio obligada a llamar a un hombre que estaba pendiente de ella, pero que era muy malo y perverso. Él vino enseguida y llevaron a la niña al hospital.

El infierno comenzó en la vida de Yily. El hombre malo, Rómulo, le quitó las llaves de la casa e hizo copias para él. Ella estaba muy deprimida y le tenía pánico a Rómulo, pues siempre andaba con una pistola amenazándola con matarla o matar al padre de su hija. Él se mudó con ella y quería que se casaran y que pusieran la casa a nombre de él, cosa que Yily sabiamente nunca le permitió. Yily pasó dos años con ese hombre hasta que, gracias a Dios, él se enamoró de otra mujer. Además, el abusaba sexualmente de sus hijos y Yily mandó a decírselo a la madre de sus hijos y que ella se ofreció a ser testigo de ella, si lo necesitara. El hombre abusaba de Yily cada vez que quería.

Otra vez se quedaba sola y sin amigos. Yily era muy hermosa. Corría 3 millas todas las noches y conservaba un cuerpo muy bien formado. En la fábrica donde trabajaba solo se le acercaban hombres casados o pendientes de su dinero. En una ocasión, el gerente general de la fábrica la llamó a eso de las 6:00 de la tarde para proponerle que tuvieran relaciones sexuales, aunque fuese una sola noche. Ella le contestó: "Voy a hacer de cuenta que usted no me ha pedido nada, y usted hará de cuenta que yo no lo rechacé. Seguiremos siendo solamente compañeros de trabajo". Él había hecho apuestas con los directores de que Yily se acostaría con él, así que después del desprecio mandó a darle la mejor computadora, escritorios nuevos y le pintaron la oficina. Así todos creerían que Yily se acostó con él.

En otra ocasión, su jefe inmediato, Fernando, la hizo ir con él a un viaje a Nueva York donde le pidió que tuvieran relaciones sexuales. Ella le dijo que no. Había una posición de gerente ambiental abierta y Yily la solicitó. Fernando le dijo que como ella no había accedido a tener relaciones sexuales con él que no le daría la posición. A Yily le dio tanta rabia que le dio un puñetazo que lo dejó en el piso. Varias personas lo vieron. Yily se fue llorando inmediatamente a su casa y luego el gerente general degenerado la llamó a ver qué había pasado, pero él era igual de corrupto y no hizo nada.

Yily era la única profesional que los viernes no salía a beber en la tarde. Sin embargo, le llegaban ramos de flores de compañeros de trabajo. Por esto, la llamaron "La Leyenda", que significaba que, o era muy promiscua, o era una floja. La verdad era que los viernes ella salía temprano a buscar a su hija Yeileen, y se iban a comer mantecado. Los fines de semana que no tenía a su hija, se la pasaba tomando pastillas para dormir todo el fin de semana. Necesitaba la ayuda de un psiquiatra, pero ella no lo sabía, y el psicólogo tampoco se lo recomendó hasta ocho años después.

En la fábrica donde trabaja no había ningún hombre que le gustara a Yily. Al menos, el operador Tomás, que se reportaba a ella, era su mano derecha y la protegía de los hombres. Todos creían que eran amantes, lo cual nunca fue cierto. Tomás le reparaba las cosas de la casa y el carro. Gracias a él, muchas cosas fueron mejorando. El tenía cuatro amantes y decía que Yily era la única amiga con quién no había tenido relaciones sexuales. Tomás era todo un personaje. Yily conoció a la esposa y a las amantes.

EL SEGUNDO MATRIMONIO

Estando en esa fábrica, Yily se reencontró con un amigo de la familia que era abogado. Harold quedó huérfano cuando tenía once años y se crio con los primos de Yily. Él cuidaba de uno de los primos, quien tenía cáncer y estaba muriendo. Lo ayudaba cuidando de él y con dinero. Yily vio que aparentemente él era un hombre muy bueno y se enamoró de él.

Yily y Harold salieron varias veces, y luego de tres meses, él le pidió matrimonio. Planificaron una boda donde todo fue regalado: el local, la música (de violines y cuatros), la comida y el bizcocho. Se invitó en el pueblo a todos los que quisieran ir, con la condición de que llevaran entremeses o licor. Los padrinos se escogieron entre los invitados. La fiesta fue todo un éxito.

Harold se emborrachó mucho y cuando llegaron al crucero les pidieron una tarjeta de crédito, él se echó a reír y dijo que él no tenía, que se había casado con ella por el dinero. Yily se echó a llorar y dio su tarjeta. Esa noche, ella pensaba: "¿Cómo pudo pasarle eso?, ¿cómo pudo tener otro fracaso?". Yily le habló de divorciarse tan pronto llegaron de la luna de miel. Harold se mofó de ella y le dijo: "¿Quién se va a fijar ahora en una mujer como tú, divorciada dos veces?". Harold se volvió alcohólico a tal punto que estuvo a punto de pegarle a Yily en una ocasión. Ella lo amenazó con publicarlo en los periódicos y quitarle su licencia de abogado. Luego, ella lo botó de la casa y resultó ser que él era amante de la esposa del primo con cáncer. Harold no aceptó el divorcio y Yily tuvo que esperar los dos años de separación para poder divorciarse. Inclusive, el tipo hasta le pidió pensión alimenticia, cosa que el juez aceptó pues él era abogado y tenía dos secretarias.

Yily cayó, otra vez, en una depresión mayor. No tenía la familia que ella deseaba, el amor correspondido que ella tanto anhelaba. Ella seguía visitando al psicólogo semanalmente. A todo esto, la madre de Yily le echaba la culpa del divorcio. Yily se enfureció con Dios, pues ella había hecho todo bien y solo tenía fracasos. Aun así, visitaba la iglesia con su hija, pero se quedaba en la puerta. No se atrevía a acercarse a Dios por el coraje que le tenía.

LA VIDA CONTINÚA. SU TERCERA RELACIÓN, POR FIN LLEGÓ EL AMOR

En la fábrica seguían los acosos sexuales y Yily solicitaba trabajo en todas partes. Por fin, la aceptaron en otra fábrica más cerca de su casa. En la fiesta de despedida, Yily bebió mucho y preguntó quién se atrevía a bailar con ella encima de una mesa de billar. Un exdirector de Ingeniería, llamado John, se trepó y bailaron salsa. Luego, él la acompañó a su casa. Desde entonces siguió invitándola a almorzar hasta que un día, él fue a su casa y le comentó que él llevaba una vida loca y tenía problemas con su esposa. John le dijo que ya quería tener una sola mujer y que quería que fuera ella. Como era casado, Yily le dijo que debía divorciarse. Él le contestó que por el momento no podía hacerlo. Yily, sin embargo, se enamoró de él ciegamente. Él la trataba como nadie lo había hecho. El primer día que vivieron juntos fue el día más feliz de su vida. Ese día quedó embarazada de Alexandra. Ambos fueron muy felices con la llegada de su hija. En la llegada a la casa, Yeileen la vio y la encontró fea pues estaba muy arrugadita. También ella creía que ya Yily no la amaría y ellas tuvieron una larga conversación donde Yeileen se tranquilizó. Yeileen aprendió a calentar su leche en el microondas y abrir las cajas de cereales para ayudar a su mamá. Era una dulzura.

LA PRIMERA VEZ QUE DIOS SE LE MANIFIESTA A YILY FÍSICAMENTE

Cuando Alexandra tenía cinco meses, Yily notó que la niña no tenía visión. Ella no le dijo nada a John hasta que después de llevarla a varios pediatras; Yily decidió llevarla al oftalmólogo pediátrico más prominente de la isla. Yily le probó a John que ella no veía y que no tenía el iris en el ojo. Él entristeció y la acompañó a ver el doctor.

En la oficina del doctor, él la atendió y les dijo que en dos años tenía que inscribirla en la escuela de ciegos de la capital. Yily le preguntó por qué y él le contestó que Alexandra no sería capaz de ver, que tenía lo mismo que el cantante José Feliciano y que si ella fuera a sanar, ya el cantante hubiera visto hace tiempo. Yily le dijo llorando: "¿Usted no sabe que Dios existe y que Él la va a sanar?". El doctor se mofó de ella y le dijo: "Señora, todo el mundo dice eso". John y Yily salieron de allí llorando. Fueron toda la trayectoria hacia su casa en silencio con lágrimas en sus ojos. Al llegar a la casa, ambos salieron hacia sus respectivas iglesias, ya que John era evangélico. Yily recogió a Yeileen y la llevó a la iglesia católica. Ella le entregó la niña al sacerdote y le dijo: "Cúremela". Él tomó la niña y la puso encima del altar y, llorando, oró por ella por un buen rato y se la entregó a Yily. Alexandra había caído en un sueño profundo y no pidió leche el resto del día. John por su parte, había ido a su iglesia y estuvo de rodillas orando por su hija por cuatro horas.

A la mañana siguiente, Yeileen se levantó temprano y vio que Alexandra estaba despierta y le hizo todas las pruebas que su madre le hacia todos los días a ver si veía. Rápidamente, ella fue donde su madre y le dijo: "Mami, la nena ve". Yily se levantó enseguida y, efectivamente, la niña veía y tenía el iris en sus ojos. Ella les hizo desayuno y salió con Yeileen a la iglesia a dar gracias a Dios. El sacerdote entraba por la iglesia, cuando Yily le demostró el milagro que había hecho Dios. El Padre Quiú, se arrodilló y le contó que su fe estaba tambaleándose, pues él nunca había visto un milagro. Todo fue una tremenda alegría y el sacerdote cogió la niña y le contó a la feligresía lo que había pasado.

Era domingo, John se había ido temprano otra vez a su iglesia. Luego que llegó a la casa y todo pura alegría y salieron a celebrar. ¡Dios es grandioso!

LA RELACIÓN CON JOHN

Todo con John iba bien, según Yily. Salían a bailar todos los viernes y a almorzar en familia los domingos. Se amaban mucho. Pero luego del milagro, John comenzó a alejarse de ella. Cuando llevaban dos años juntos, él le dijo a Yily por teléfono, que se iría para St. Louis a trabajar. El mundo se le cayó a Yily encima. Él no le dio razones. Él llegaba todos los días muy tarde y borracho y ella no entendía por qué.

Yily se deprimió tanto que cayó en un hospital psiquiátrico diurno. Ella no entendía por qué Dios le hacía esto. Hasta sacó $2000 y fue a un punto de drogas para encontrar a alguien para que la asesinara. La gente del punto salió corriendo, pensando que ella era policía encubierta. Después de esto, la hospitalizaron a tiempo completo por dos semanas. La primera semana Yily se dedicó a llorar, pero a la misma vez, se la pasaba ayudando a otros. Al final de la primera semana, dieron de alta a diecinueve personas. Yily estaba alegre pues pensaba que se iría de allí, pero no fue así. El psiquiatra la llamó al final del día y le dijo que ella había curado a esas diecinueve personas, que ella había errado su profesión. Yily comenzó a gritar que quería irse y le cayó encima al doctor y le pusieron una camisa de fuerza y la inyectaron. Cuando vio a John y no dejaba de gritarle que no la dejara más tiempo allí.

Ese fin de semana, Yily se dedicó a escribirle al director del hospital todo lo bueno y lo malo de aquel lugar y le pidió una reunión. El director leyó el reporte y arregló una cena con Yily. El resultado fue que él le consiguió una psicóloga que la trataría con hipnotismo.

La semana siguiente, Yily decidió trabajar con ella y seguir su tratamiento. John vino a buscarla al final de la semana y le dijo que se quedaría con ella. Ella mejoró pronto, sin embargo, John siguió emborrachándose hasta con su propio psicólogo y llegaba muy tarde todas las noches, excepto los domingos.

Pasó un año, y de repente John se había ido de la casa y dejó una carta muy confusa. No decía exactamente por qué se iba. Dos semanas más tarde, ellos se reunieron y John le dijo que estaba enfermo, que ella era 21 años menor que él. Le dijo que se buscara a otra persona que ella estaba muy joven aún. Yily le dijo que a ella no le importaba, que ella lo amaba como sea, pero John no accedió.

El mundo se le derrumbó a Yily otra vez. El demonio jugaba con ella, le decía que no valía la pena vivir, que nunca sería feliz. Ella fue a la casa de dos matones a sueldo con $2000. Resultó ser que ellos al verla la sentaron, le dieron café y galletas mientras ella le contaba su historia. Ellos le hablaron de Dios y le dijeron que cuando ella entró a su casa vieron en ella una hermana que ellos tuvieron a quien violaron y mataron. Ellos convencieron a Yily de no suicidarse. Luego de esto, la psicóloga la volvió a ingresar al hospital psiquiátrico por una semana. Las niñas se fueron con sus padres esa semana.

Yily salió más fortalecida y recogió a sus hijas. Ella siguió con los hipnotismos y mejoró mucho.

SUS HIJAS LE DABAN MUCHA FUERZA

Yily se enfocó en sus hijas. Ellas tenían buenas notas y estuvieron en clases de niñas escuchas, de natación, *ballet, jazz* y porristas. Yily estuvo con ellas en todas esas etapas.

Yeileen obtuvo varios certificados y medallas. Era excelente bailarina y porrista. Alexandra, también estuvo en todas esas actividades, pero se aburría pronto. Alexandra también jugó *soccer.* A ella solo le gustaba estar con Yily o con su papá.

Fueron dos veces a Disney y en el 2000 fueron a California, a Italia y a la fiesta de fin de año de Boston. A Yily le iba muy bien en el trabajo, viajaba mucho, se divertía y se ganó varios premios *Presidential Award* por ahorrarle a la compañía 11.5 millones de dólares. Vivían en un hotel y las niñas estaban fascinadas. Les pagaban la limpieza de la villa del hotel, comían en restaurantes. En fin, fueron tiempos buenos.

LA VIDA LUEGO DE SU PRIMER REAL AMOR

Bueno, pues a Yily le encantaba salir a bailar, así que ella y dos amigas también solteras iban una vez al mes a bailar los miércoles en la noche a un sitio en la capital donde esos miércoles era día de solteros. Pero Yily ya no era boba, así que decía que se llamaba María que era secretaria y estaba buscando un marido que la mantuviera. De esta forma, todos bailaban con ella, pero no había una relación más allá. También asistía a un club de solteros cuya dueña era psicóloga y daba charlas de cómo ser mejor pareja. Estuvo yendo un par de años.

Tuvo varias amistades que se le acercaron para tener una relación seria, pero eran personas que solo buscaban ser mantenidos o eran casados. Yily se entusiasmaba hasta que veía las razones por las cuales se le acercaban, y los entusiasmaba, pero los dejaba finalmente. Ella no respetaba la figura del hombre y no le importaba hacerlos sufrir. Ella creía que todos eran malos.

Ella dedicaba los fines de semana a llevar a las hijas a un apartamento en Rincón a la playa o a Cabo Rojo. Ambos apartamentos se los prestaban dos amigos de Yily. Y los fines de semana que las hijas estaban con sus padres, pues se iba con un matrimonio amigo de ella a bailar o a festivales.

EL TERCER MILAGRO

En febrero del 2002, Yily comenzó a orinar sangre y se recetó ella misma por unos ocho meses. Ella se negaba a saber que estaba enferma. Por fin en noviembre fue al urólogo del pueblo y él le mandó a hacer todo tipo de análisis, pero que le dijo que él no la operaba. Le hicieron un MRI y el mismo fue repetido por el radiólogo. El radiólogo mismo la llamó a su oficina y le dijo que tenía que atenderse inmediatamente y operarse. Él le hizo la cita con el urólogo de la capital para ese mismo día. Yily primero estuvo llorando por un par de horas sentada en la sala de espera. Ella pensaba que, si ella moría, sus hijas se irían con sus padres y no solo se separarían de ella, sino que se separarían entre sí y sufrirían doblemente.

Yily fue a los urólogos, padre e hijo. El padre era muy católico y el hijo era ateo. El ateo vio a Yily y luego de cotejar el archivo de resultados y el MRI, le dijo: "Señora, yo usted, saco todo el dinero que tengo y me voy a viajar por dos meses y luego de eso vuelvo a ver si se puede hacer algo". El doctor salió de la oficina y entró el urólogo católico. Este le preguntó insistentemente que si ella creía en Dios. Ella asintió. El urólogo le dijo: "Pues Dios va a hacer un milagro contigo, sanarte y mi hijo creerá en Dios". Salió de la oficina. Cuando entró el ateo, Yily le dijo que quería operarse la semana entrante.

En el hospital los médicos trabajaban por grupos y Yily tenía que visitarlos a todos antes de la operación. Cuando fue al oncólogo, vio muchas mujeres dándose quimioterapias y se vio a sí misma en una de esas sillas. El doctor la llamó y le preguntó que si podían hablar a solas "a calzón quitao". Ella asintió. Entonces él le dijo: "Usted ve todas esas quimioterapias, eso no sirve, solo sirve la fe en Dios, así que usted irá hoy a la iglesia y se arrodillará y pedirá perdón por sus pecados". Ese próximo sábado había un retiro y Yily asistió e hizo una confesión muy larga. La penitencia que le dio el sacerdote fue "Que se hiciera feliz pues ya había sufrido mucho". Y dijo que hacerse feliz era muy difícil.

Yily pasó el más tiempo posible con sus hijas ese fin de semana. Yeileen, de doce años, se fue con ella al hospital y estuvo allí hasta que salió de la operación. Yily sabía que ella sería la que más sufriría si le pasaba algo.

Era 14 de diciembre de 2002. Ya en el hospital, con Yily estaban su madre, su hermana, unas monjas y Yeileen. El doctor salió y dijo que si Yily no salía en tres horas que comenzarán a rezar. Y así sucedió: a las tres horas Yeileen dijo a todas las personas en la sala de espera que iba a empezar a rezar un rosario. Todos la acompañaron en el rezo. La operación duró cinco horas.

Ya en el quirófano, vino el urólogo católico y cogió las manos de Yily y le preguntó con fuerza: "¿Crees en Dios?" Ella respondió: "Sí yo creo". Él le preguntó con fuerza tres veces más, hasta gritar, y ella respondía: "Sí, yo creo" aumentando la voz también. Y él dijo: "Pues hoy va a haber un milagro aquí. Tú vas a ser sana y mi hijo va a creer en Dios".

En la operación, cortaron una costilla y sacaron el riñón. Le echaron un líquido, el cual pintaría donde estuviese el cáncer. Una tercera parte del riñón pintó y procedieron a cortarlo. Lo enviaron a patología y ellos contestaron que esa parte no tenía cáncer. El urólogo ateo no lo podía creer y cortó otro pedazo y obtuvo el mismo resultado. Llamó a otros urólogos y todos coincidieron en que era un milagro. El ateo dijo que ya no podían poner el riñón al cuerpo pues había pasado mucho tiempo fuera. El urólogo católico le dijo: "Esto es un milagro, así que lo vas a poner y él va a funcionar.' Así sucedió.

Cuando Yily abrió los ojos llegó el urólogo ateo y le dijo muy contento que todo había salido bien y que le compraría lo que ella quisiera para comer. Ella le pidió un mantecado. Cuando salió para el cuarto se encontró con su familia. Ella no podía virar la cabeza por la anestesia y lo primero que vio fue a un amigo de ella de la universidad, Edgar, quien siempre la había ayudado. Ella gritaba el nombre de Yeileen, y ella se le puso enfrente. También estaba el papá de Yeileen.

Al otro día, el urólogo católico fue muy temprano a la habitación de Yily y le contó todo. Ambos estaban muy felices. La noticia se regó y varios médicos fueron a visitarla. Ella no volvió a sangrar por la orina.

Durante la estadía en el hospital, Jessy estuvo con Yily el primer día junto con Ana (la niñera de las hijas). Yily no confiaba en Jessy y le dijo a ella que se fuera, que fuera a la casa cuando la dieran de alta. Otras dos amigas fueron al hospital a cuidar a Yily: Lydia y Carmen.

Al llegar a la casa, llegaron las niñas y luego Jessy. Todos los días otra niñera de las niñas, Judith, llevaba comida para todas. Jessy, por su parte, le dijo a Yily desde un principio que ella no iba hacer de sirvienta y que solo se encargaría de estar presente, cosa que las nenas tuvieran un adulto presente. Ella estuvo con Yily, pero no hacía nada. Inclusive comía de la comida que llevaba Judith. Todos los días iba Edgar y se llevaba a Yeileen a comprar lo que faltara de comer y materiales para la escuela. Edgar era un ángel que Dios puso en su vida. El 24 de diciembre, se apareció la pariente a llevarse a Jessy con ella y Yily aún muy adolorida se quedó sola con sus hijas. Al menos, tuvo la ayuda de Ana, Judith y Edgar.

Dos meses después de la operación, Yily se hizo un ultrasonido por orden del médico, y se lo llevó al urólogo ateo. Él lo vio y dijo que se fuera de allí. Ella preguntó por qué y él le contestó que el riñón se había regenerado y tenía las mismas medidas de antes de cortarlo, que él sabía cuánto había cortado, que los riñones no se regeneran.

Un año después Yily fue a hacerse su cotejo anual y el urólogo ateo le dijo: "He visto tu récord muchas veces. Estoy yendo a la iglesia todos los domingos y mis hijos están tomando clases de catecismo".

Yily en ese tiempo solo oía canciones religiosas. Pero cada vez que ella le pedía algo a Dios y él la complacía, le salía en la radio la canción de Rafael Marcos, "Como yo te amo nadie te amará..." Y a Yily se le erizaba la piel y ella le tiraba besos al cielo.

Yily estuvo sola por varios años, dedicados a sus hijas y a su trabajo, que le exigía trabajar siete días a la semana, doce horas al día, muchas veces de noche. Además, era líder de las Niñas Escuchas y catequista.

LA MUERTE DE JUAN Y LA VISIÓN DE DIOS (CUARTO MILAGRO)

En abril del 2005, Jessy llamó a Yily para decirle que operaban a su padre del corazón al día siguiente y que tenía que estar allí. Ella le contestó: "Yo lo que quiero es que se muera". De la misma forma, los hermanos le contestaron a la madre. Juan salió bien de la operación y volvió a la Iglesia.

En mayo del 2005, en la noche, mientras Yily hacía tareas, pasaba por el lado de la Biblia, y esta le decía: "Cógeme". Eran las 10:00 de la noche y tomó la Biblia y le dijo a Dios: "Señor, déjame saber qué quieres de mí". Abrió la Biblia puso el dedo al azar sobre los escritos y lo que ella vio fue: "Honrar padre y madre". Yily cerró la Biblia y dijo: "Señor, tú quieres que yo perdone a mi padre, no puedo. Yo lo que quiero es darle un batazo". Yily estuvo peleando con Dios hasta las 10:30 de la noche. Le decía: "Señor, tú quieres que yo lo perdone para que yo me salve. Mañana llamaré a mi hermano para que me dé su teléfono". Y aunque la pariente, ya lo había ido a perdonar, él le contestó que estaba loca y se mofó de ella. Sin embargo, él le preguntó qué desde que edad ella recordaba. Ella lo abofeteó.

Yily se acostó a las 10:30 de la noche, pero despertó a las 4:00 de la mañana. Fue al baño e hizo un par de cosas y luego se echó a dormir y cayó en un sueño muy profundo donde se encontró frente a Dios. Detrás de ella se sentían millones de personas y trató de ver, a lo que Dios le señaló que no lo hiciera. Luego sintió una persona muy feliz al lado izquierdo; nuevamente, Dios no la dejó mirar. Luego él le preguntó: "¿Lo perdonaste?", Y ella le preguntó: "¿A quién?, ¿a mi papá?". El asintió. Ella le dijo: "Señor, él me dio la vida y por él yo te estoy viendo ahora, yo lo perdono". Dios nuevamente le preguntó "¿A dónde quieres que lo mande?, ¿al cielo o al infierno?". Yily contestó: "Señor, el infierno es eterno, mándalo al cielo". Y Dios dijo: "Así será". Ella despertó del sueño y eran las 4:30 de la mañana. No pudo dormir más.

Al otro día, a eso de las 9:00 de la mañana, Yily iba a llamar a su hermano para obtener el número de teléfono de su padre. El teléfono de ella sonó y era el hermano, quien, agitado le preguntó: "¿Lo perdonaste?". Y ella le dijo: ¿Tú estabas en mi sueño anoche?". El le dijo: "¿Qué sueño? A papi le dieron un batazo a las 10:30 de la noche y murió a las 4:15 de la mañana". Ella le contó su sueño y él le dijo que él había jurado que, si ella no lo perdonaba, él tampoco lo haría. Así que todos los hermanos estaban felices y fueron juntos al funeral. La madre, muy católica al fin, dijo que ella era la verdadera viuda. Los hijos le dijeron que eso era una ridiculez y el tema se acabó.

Los hijos de padre y madre se pararon frente al ataúd de Juan cuando la pariente irrumpió el silencio, diciendo: "Yo quería darle un batazo". El hijo mayor, Juanito, dijo que él andaba con el bate en el baúl del carro. Y Yily dijo que ella también quería darle un batazo. Por fin, ya Yily no tenía que esconderse de su padre. Luego del funeral, todos los hermanos hicieron una fiesta donde también vinieron un tío e hijos.

MOVIMIENTO DE RETIROS

Dos semanas más tarde de la muerte de Juan, Yily fue a un retiro muy especial. Le pareció sensacional. Y fue todos los martes a tomar clases de Apologética, doctrina y otros más. Comenzó a trabajar en retiros en la parte de afuera, limpiando y orando. A los siete meses le permitieron trabajar dentro de los retiros y fue muy feliz.

Allí un día, ella vio a un hombre humilde pasar toda la misa de rodillas. Yily se enamoró de él. Ariel era muy trabajador en la casa de retiros. Sin embargo, él convivía con otra feligresa. Dos años más tarde, ellos se dejaron y Yily y él empezaron a salir. Las hijas no lo querían. Ellas no querían que se casara con nadie, pues ellas caminaban con poca ropa en la casa y no querían cambios en su vida.

En ese tiempo, botaron al gerente general que la tenía trabajando doce horas al día, los siete días a la semana, y le dieron el puesto de Gerente de Innovación Continua y fue adiestrada en *Six Sigma*. Por fin podía darles más tiempo a sus hijas y al Movimiento de Retiros. Allí tuvo experiencias muy bellas.

CIENCIAS FORENSES

La fábrica le dio la posición a Yily de gerente de Planta de Manufactura y Empaque, pero era para cerrar la planta en tres meses. La verdad fue que estuvieron trabajando un año más. A la vez, una vez por semana, ella daba clases en la Escuela de Medicina, de *Six Sigma*. Esa experiencia le abrió las puertas para trabajar en Ciencias Forenses, donde estuvo casi dos años. Allí hizo grandes amigos. Su puesto era político y ella sabía que el actual gobernador perdería las elecciones. La tarea de ella era darles a los laboratorios los requisitos de calidad que había en las industrias farmacéuticas y obtener las certificaciones que desde hacía veinte años no obtenían. Yily fue a Ciencias Forenses de Houston, Texas, con otros directores. Obtuvo todos los procedimientos de ellos, fue por todos los laboratorios. Se aplicaron todos los procedimientos en los laboratorios en Puerto Rico. Se trajo cuatro estudiantes de ingeniería industrial para ver cuántos recursos necesitaba cada laboratorio.

Finalmente, se obtuvo la certificación más difícil: la del DNA. Se obtuvo en seis meses.

Yily, para lograr su objetivo, entraba a trabajar a las 6:00 de la mañana hasta las 3:30 de la tarde. Pero los tapones en la capital eran tantos que llegaba a la casa entre las 6:30 a 7:00 de la noche.

A los dos años, se fue a trabajar como Gerente de *Six Sigma* a una industria de Equipos Médicos.

Allí, la presión fue tal que le dieron ataques de pánico casi a diario. Perdía la noción de dónde estaba, qué hacía y adónde iba. La psiquiatra le dijo que se retirara, que ya había pasado por mucho y que lo iban a aprobar. Yily siguió las sugerencias de su doctora y se fue de allí.

DESPUÉS DE UNA VIDA DE TRABAJO

Luego de una vida de trabajo, y con Yeileen en Florida estudiando, fue muy difícil pasar un año sin sueldo. Gracias a Dios, Yily había ahorrado. Ella se dedicó a Alexandra, a correr y a tratarse con hospitalizaciones diurnas. Fue muy generoso de parte de la tía Mary, quien con tan poco dinero que ella tenía, le daba $40 mensuales. Los hermanos no la ayudaron económicamente, ni le preguntaron si necesitaba algo.

Volvió a trabajar en retiros y volvió a ver a Ariel y un día de madres, Ariel se le declaró y comenzaron a ser novios. Salían con unos amigos a bailar y a festivales. Hasta que a él le dio un ataque de ansiedad y se fue de la actividad y le gritó a Yily por todo el camino que ellos eran unos pecadores y que él no podía estar allí. De hecho, se dejaron ese mismo día.

Yily tomó un trabajo de voluntaria en un hospital cerca de la casa. Trabajaba ocho horas semanales. Ella iba dos veces en semana, cuatro horas. Era excelente ayudar a otros. Conoció a otras amigas. Oraba donde se lo pedían. La pasaba muy bien.

LAS GRADUACIONES DE YEILEEN Y ALEXANDRA

Llegó el día en que Yeileen se fue con su tío a Estados Unidos a terminar su cuarto año de escuela superior y luego seguir su bachillerato y doctorado en Tampa, Florida. Esto Yily lo había planificado muchos años antes. Sin embargo, fue un dolor muy fuerte para Yily. Se internó en un hospital psiquiátrico en un programa diurno y llamaba todos los días a Yeileen. Ella sacó las mejores notas. Cuando se graduó de bachillerato le ofrecieron estudiar Medicina sin pagar matrícula. Gran orgullo, gran bendición de Dios. Ella terminó sus estudios y obtuvo el premio de ser la estudiante que mejor diagnosticaba enfermedades y hasta le dieron dinero por ello. Ella es Doctora en Medicina Interna y Pediatría.

Seis años más tardes, Alexandra se fue a estudiar bachillerato a Estados Unidos. Yily estuvo con ella y su papá por una semana en la universidad en San Antonio, Texas. Al despedirse de ella contuvo sus lágrimas hasta irse. Y lloró mucho en el avión. Al llegar a su país, Ariel, su exnovio del Movimiento de Retiros, la esperaba y la llevó al hospital psiquiátrico, ya que ella sentía que si se quedaba sola se intentaría suicidar. El hospital la aceptó rápidamente y estuvo allí una semana. Luego estuvo en hospitalización parcial por dos semanas. El último día, al salir y llegar a su casa, le dio un ataque de histeria y llanto y llamó a Ariel para que la acompañara. Ariel se quedó en la casa con ella.

SIGUE ESCOGIENDO MAL: ARIEL

Yily se preguntaba cómo después de tantos años del abuso sexual, todavía sentía que necesitaba protección continua. Ariel se comportó con ella muy bien. Él pagaba la compra y trabajaba. Pasaron cuatro meses, y en diciembre les anunció a sus hijas que se casaría en enero 4 por la Iglesia. Yeileen se molestó, pues ella se iba a la Florida en enero 3 y no iba a poder estar, aunque ella no quería que se casara con Ariel. Las hijas querían para Yily un ingeniero, un doctor o un comerciante. Ariel era albañil. Esos primeros cuatro meses fueron muy buenos. Iban a trabajar a los retiros, pero también los fines de semana que no había retiros iban a bailar con la amiga Lydia y su esposo.

Cuando Ariel y Yily se casaron, todo cambió. Solo salían a los retiros, ya no salían a bailar. Yily se quedaba callada. Además, Ariel ya no pagaba la compra ni trabajaba y los trabajos que le ofrecían no los aceptaba. Ella se quedaba callada, manteniendo a alguien que solo la hacía sufrir. Él decía que los amigos de ella eran unos pecadores y la alejó de ellos. Le pedía dinero prestado y luego, sin embargo, pagaba $600 por un carro. Yily le propuso coger terapias matrimoniales, pero él no aceptó y le dijo que la que estaba mal era ella.

Estando casada, en noviembre del 2015, Yily fue de misionera a Haití, tremenda experiencia. La pasó muy bien ayudando a los hermanos haitianos. Ariel no fue.

El 30 de diciembre de 2015 había una fiesta de todos los que se graduaron con Yily de escuela superior. Ariel no quería ir, pues él pensaba que ellos eran todos unos pecadores. Llegó el día de la fiesta. Yily decidió ir sola. Ariel dijo que no iría y pensó que ella no iría. Yily hizo todos los arreglos de hotel para ir. Ariel no le hablaba, no había comunicación. Ella hizo una maleta que él vio. Luego ella se fue sin despedirse. La verdad es que Yily disfrutó como hacía tiempo no lo hacía. Al otro día, ella tenía miedo de regresar y fue a ver a su madre. Luego fue a visitar una amiga del pueblo de Camuy. A todo esto, estaba temblorosa pensando qué le iba a pasar cuando llegara a su casa. Luego se encontró con un amigo para almorzar, que le dijo que no la dejaría ir hasta que dejara de temblar. Luego fue a casa de su amiga Lydia, con quien se sinceró.

Por fin, llegó a su casa, y sus hijas no estaban. Entró sin saludar y fue directamente a bañarse. Era 31 de diciembre de 2015. De repente Ariel explotó y comenzó a gritar y a tirar cosas. Yily lloraba y decía: "¿Por qué me haces esto si yo te amo?". Él le contestó que ella tenía que decidir entre la vida mundana o religiosa. Yily lloraba y él dijo que se iba por tres días, luego cambió y se fue por una hora nada más. Despidieron el año sin pelear. Al otro día, Yily le escribió una carta y le dijo lo infeliz que era con él y que estaba viviendo de ella y que le ofrecían trabajos y no los aceptaba. Le dejó la carta sobre el gabinete y después se fue a ver a su tía Mary al pueblo de Aguada. Al regresar, él se había llevado parte de la ropa. Yily fue a fiscalía para ponerle una orden para que recogiera todo y se fuera definitivamente. El llegó y le dijo a Yily que, si quería, el pagaba la luz y el agua, pero Yily llevaba dos años con él y sabía que él no iba a cambiar y le dijo que recogiera todo. Luego él le mandaba muchos mensajes de texto que ella no contestaba.

Yily se divorció por ruptura irreparable ya que Ariel no quería divorciarse. Por primera vez, Yily se sentía bien estando sola, no hospitalizaciones, no llantos, todo gracias a Dios. No volvió a la casa de retiros pues tenía miedo a encontrárselo. Le tenía miedo a Ariel.

LA MUERTE DE JESSY

Era julio del 2016. Jessy le dijo a Yily que se ocupara de su pariente. Yily le dijo: "¿Tú estás loca? ¿Con todas las mentiras que ha dicho de mí a mis amistades, parejas y al Padre Ernesto?". Pasaron un par de semanas y Yily soñó que su madre moría. Inmediatamente se levantó y fue a visitar a su madre. Allí le dijo: "Mami, yo te perdono todo lo que tú me has hecho. Pero también te pido perdón por cualquier cosa que yo te haya hecho. No te preocupes, yo estaré pendiente de mi pariente". Ella no pronunció ninguna palabra y Yily se fue. Jessy vivía lejos de Yily y cuando ella iba a mitad de camino, la parienta la llamó para decirle que su madre estaba en Intensivo en el hospital. Yily se quedó en paz. Un 27 de julio de 2016 murió Jessy. Ningún hijo lloró en el funeral.

POR FIN UN AMOR DE VERDAD

En abril de 2017, en el hospital donde Yily trabajaba de voluntaria, había un supervisor de guardias muy guapo y cortés. Siempre le echaba la bendición. Un día él le pidió él número de celular y ella se lo dio. Días más tarde, le texteó y le preguntó que si él le gustaba a ella. Yily le contestó que sí. Era muy guapo, caballeroso y religioso. Tenía dos trabajos, así que, se veían todos los días, pero poco tiempo. Era un hombre muy agradable, y no gritaba. Le gustaba ayudar a la gente, al igual que Yily. Compartían respetuosamente los temas religiosos.

Actualmente llevan juntos tres años y nunca han discutido. Los une el amor a Dios. Disfrutan de sus charlas sobre el mundo y sobre Dios.

Las hijas de Yily, sin darle la oportunidad de conocerlo, lo rechazaron. Pero Yily no les hace caso pues es muy feliz con él. Tampoco las hermanas de Carlos aceptan a Yily, pues ellas son muy amigas de su exesposa. Ellos planificarán su vida tan pronto se casen. Tienen grandes planes.

Posdata: Una nueva oportunidad del amor

MORALEJAS

Lo que se quiere, se lucha.

Las palabras son el puente de pensamiento para llevarlas a acciones.

Sin Dios nada se puede, con Dios todo se puede. Él nos lleva por caminos misteriosos, pero al final nos lleva a donde nosotros queremos; es cuestión de tiempo. Nunca pierda la esperanza, sea misericordioso, caritativo, religioso, bondadoso y tenga mucha fe.

SOBRE LA AUTORA

Yilda M. Acevedo Traverso posee un bachillerato y una maestría en Ingeniera Química, de la Universidad de Puerto Rico, Recinto de Mayagüez. Trabajó en varias farmacéuticas en diversos puestos. Ganó, además, varios "Presidential Awards". Luego fungió como Directora de Calidad en el Instituto de Ciencias Forenses. De igual forma, impartió clases de Diseño de Experimentos en la Escuela de Medicina de la Universidad de Puerto Rico.

Tiene dos hijas que estudiaron en Estados Unidos y residen allá.

Acevedo Traverso tuvo muchos contratiempos en la vida desde muy pequeñita, que la llevaron a cometer varios errores, pero está consciente de que Dios también hizo muchos milagros en su vida. Todas sus amistades le pidieron que escribiera este libro. Ahora que se ha retirado, decidió escribirlo, a insistencias del Sr. Carmelo González.